DIE
BASICS

ERSTE AUFLAGE

DIE KREATIV REVOLUTION MIT KI KÜNSTLICHER INTELLIGENZ IN GRAFIK & WERBUNG

BRAINSWORLD360°

MIKE REITER, MSC | TOBIAS ZACH, BED | MARIA EIBEL

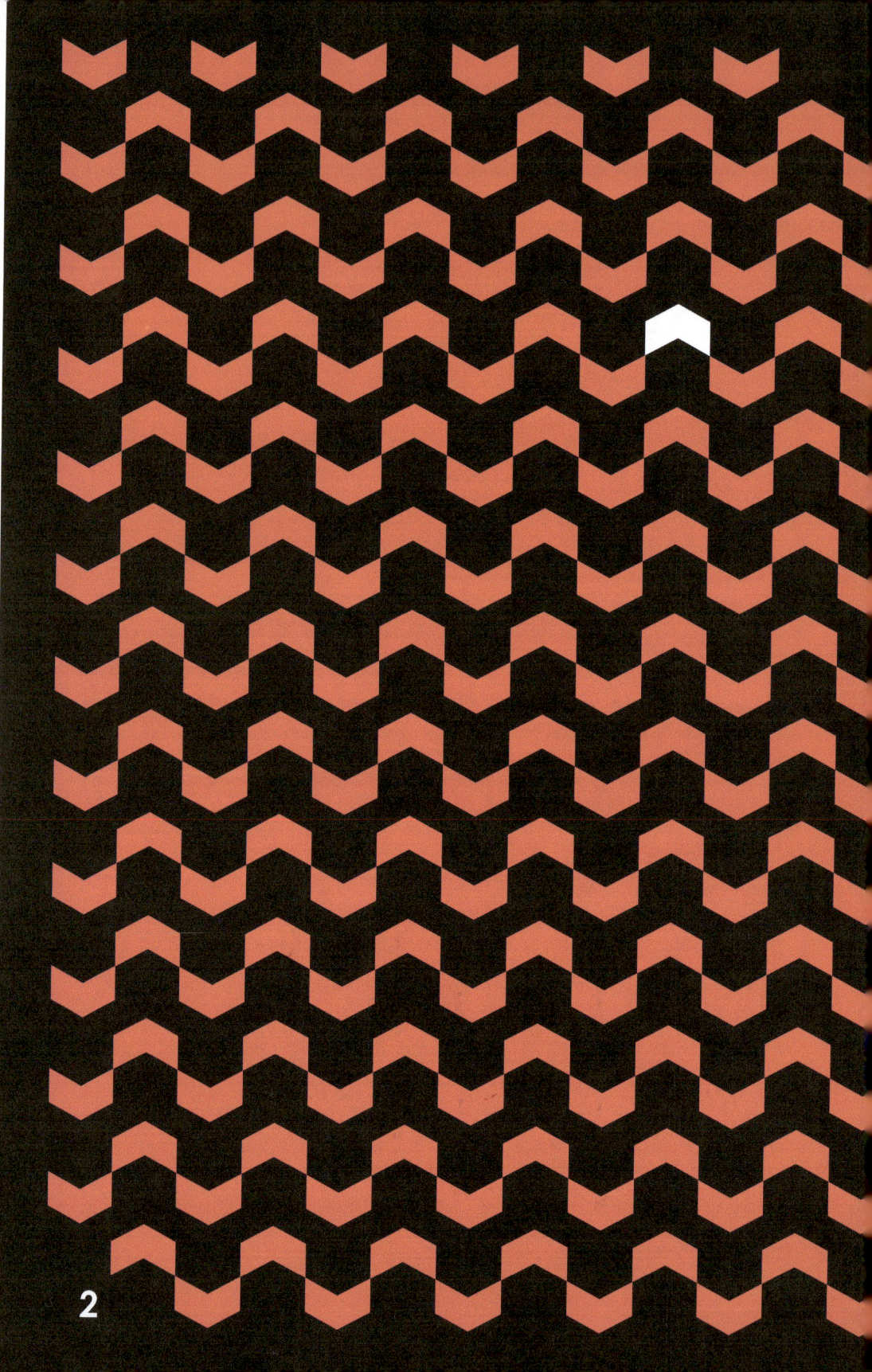

DIE

KREATIV

REVOLUTION

MIT KI

IN GRAFIK

& WERBUNG

BRAINSWORLD360°

MIKE REITER, MSC
TOBIAS ZACH, BED
MARIA EIBEL

ISBN: 9798326994264

WIDMUNG
DIESES BUCH IST ALL JENEN GEWIDMET, DIE DEN MUT HABEN, IN DESIGN UND WERBUNG NEUE WEGE ZU BESCHREITEN – DEN KÜHNEN GESTALTERN, DIE SICH TRAUEN, ANDERS ZU SEIN.

- WIR SIND BRAINSWORLD -
TAUCH EIN IN 14 JAHRE REVOLUTIONÄRE
MARKENBILDUNG UND KONZEPTERSTELLUNG,
DIE KUNDEN WELTWEIT BEGEISTERN.

WWW.BRAINSWORLD.COM

BEI DER ERSTELLUNG DIESES BUCHES HABEN WIR FORTSCHRITTLICHE
KI-TOOLS GENUTZT, UM DEN SCHREIBPROZESS EFFIZIENTER UND
EFFEKTIVER ZU GESTALTEN.

TEIL 1: Einführung

Hello wir sind Brainsworld360°,

und unsere Reise als Agentur begann 2011. Damals haben wir in einem klassischen Hinterhof angefangen und uns mit der Zeit einen Namen gemacht. Mittlerweile haben wir zahlreiche Auszeichnungen im Bereich Werbung von Wien bis Berlin, Los Angeles und Paris gewonnen. Derzeit sind wir ein smartes Team von 15 Mitarbeitern, das um die hundert internationale und regionale Kunden betreut, darunter auch viele namhafte Referenzen. Von Anfang an leben wir den Grundsatz, dass eine gute Partnerschaft immer auf den gleichen Grundlagen basiert wie eine gute Freundschaft: offene und ehrliche Kommunikation, Respekt und Vertrauen. Unsere offene und entspannte Herangehensweise ermöglicht es uns, auf dem Laufenden zu bleiben und die besten innovativen Ideen zu entwickeln. Integrität hat für uns oberste Priorität. Wir gehören nicht zu den Leuten, die „Ja zu allem" sagen, sondern eher: „Lasst uns das machen und dafür sorgen, dass es klappt!"

Wir lieben Werbung und Design, und wir lieben besonders die neuen Möglichkeiten, die KI heute in die Branche bringt und sie sogar auf eine ganz neue Ebene hebt. Unsere Erfahrung und unser Fachwissen auf diesem Gebiet helfen uns, Anwendungen zu entwickeln, die vor nicht allzu langer Zeit praktisch unmöglich waren. KI ist mittlerweile ein integraler Bestandteil unserer kreativen Arbeit. Besuch uns einmal auf unserer Website unter www.brainsworld.com, um dir eine Meinung über uns zu bilden. Wir verfügen über eine umfassende Expertise und würden dich gerne mit unserem Ansatz auf deinem Weg unterstützen. Und bitte immer daran denken: „Respektiere die Macht von Design und Marketing – es geht nicht nur ums Geld." Es muss Spaß machen und das Team muss passen. Wir wünschen dir alles Gute und viel Spaß beim Lesen.

Werbung und KI, der Beginn einer Revolution?

Man stelle sich vor: Werbung und Künstliche Intelligenz (KI) gehen Hand in Hand - eine wahre Evolution! Derzeit konzentriert sich der Einsatz von KI in der Werbung auf Personalisierung, Effizienz und Datenanalyse. Durch KI können Werbetreibende maßgeschneiderte Inhalte basierend auf den Vorlieben der Nutzer erstellen. Das heißt, das Benutzererlebnis verbessert sich und die Konversionsraten steigen. Beeindruckend, oder? Wie ist das möglich? Die schnelle Verarbeitung großer Datenmengen macht's möglich! Dank dieser effizienten Nutzung von Ressourcen können Kampagnen in Echtzeit optimiert werden. Das ist der Wahnsinn! Aber das ist noch nicht alles. Die Zukunft könnte die Werbebranche mit KI noch weiter revolutionieren. Automatisierte kreative Prozesse und unabhängig entwickelte Werbeinhalte könnten bald die Norm sein. Natürlich gibt es dabei auch ethische Aspekte, wie Datenschutz und Algorithmen-Verzerrungen,* die wir im Blick behalten müssen. Wir stehen vor aufregenden Zeiten! Die Zukunft der Werbung liegt in personalisierter, datengetriebener Werbung, die gleichzeitig ethische Überlegungen berücksichtigt. Das ist definitiv ein Schritt nach vorne, oder? Nun liegt es an uns, diese Möglichkeiten zu nutzen und die Werbelandschaft zu verändern!

✳ Algorithmen-Verzerrungen

Ein Computerprogramm (Algorithmus) arbeitet meist auf eine Weise, die voreingenommen oder nicht neutral ist. Das passiert oft, weil die Daten, mit denen der Algorithmus trainiert wurde, nicht ausgewogen sind oder potentiell Vorurteile enthalten. Zum Beispiel, wenn ein Programm zur Gesichtserkennung hauptsächlich mit Bildern von Menschen einer bestimmten Hautfarbe trainiert wird, könnte es bei Menschen anderer Hautfarben weniger genau sein. Es ist also wie ein unausgewogenes Rezept: Wenn man immer nur eine Zutat verwendet, wird das Ergebnis nicht zufriedenstellend.

Ziel und Zweck
des Buchs

In diesem Buch erfährst du, wie Künstliche Intelligenz aktuell die Werbung und das Design transformiert. Du bekommst Einblicke in das Potenzial und die Entwicklung von KI-Anwendungen im kreativen Prozess. Das Ziel ist es, dir die Bedeutung von KI in der Werbung zu zeigen und zu erklären, wie sie die Effizienz steigert, personalisierte Inhalte erstellt und die Kreativität fördert. Du bekommst konkrete Ideen und Inspiration, wie du Künstliche Intelligenz in deinen eigenen Werbeprojekten einsetzen kannst.

Künstliche Intelligenz
im Design

Künstliche Intelligenz ist also jetzt bereits zu einem unverzichtbaren Werkzeug im Design geworden. Diese Entwicklung bringt dir und deinen Projekten viele Vorteile. Erstens erhöht KI deine Effektivität, indem sie wiederholende Aufgaben automatisiert und dir mehr Zeit für Kreativität gibt. Zweitens ermöglicht KI die Personalisierung von Design und Inhalten an die individuellen Bedürfnisse und Vorlieben deiner Zielgruppe. KI kann dir auch bei der Erstellung von Marketinginhalten, Design und mehr helfen, indem sie Muster und Trends in großen Datenmengen erkennt. Darüber hinaus beschleunigen KI-basierte Tools die Produktion von Designprojekten. Insgesamt kann KI im Design dazu beitragen, deine Kreativität zu boosten, deine Arbeit effizienter zu gestalten und bessere Ergebnisse zu erzielen, sowohl ästhetisch als auch in der Durchführung deiner Designprojekte.

TEIL 2: Die Grundlagen von KI im Design

Verständnis von KI im Design.
Was ist KI und wie funktioniert sie?

Künstliche Intelligenz (KI) mag wie ein futuristisches Konzept erscheinen, ist aber tatsächlich schon ein integraler Bestandteil unseres täglichen Lebens. Um zu verstehen, was KI wirklich bedeutet, beginnen wir mit einer einfachen Definition: KI ist ein Bereich der Informatik, der sich damit beschäftigt, Maschinen und Programme zu erschaffen, die Aufgaben erledigen können, die normalerweise menschliches Denken erfordern. Dazu gehören das Erkennen von Mustern, das Verarbeiten von Sprache, das Treffen von Entscheidungen und das Lernen aus Erfahrungen.

KI im Alltag

Ein gutes Beispiel für KI in unserem Alltag sind Sprachassistenten wie Siri oder Google Assistant. Diese Systeme nutzen KI, um deine Sprache zu verstehen und darauf zu reagieren. Wenn du deinem Handy eine Frage stellst, analysiert die KI deine Worte, versteht die Frage und sucht nach der besten Antwort. Ein anderes Beispiel sind die personalisierten Empfehlungen auf Streaming-Plattformen wie Netflix. Diese Dienste verwenden KI, um dein Sehverhalten zu analysieren und daraus zu lernen, welche Arten von Shows oder Filmen du möglicherweise genießt. Basierend auf diesen Informationen schlagen sie dir dann neue Inhalte vor, die zu deinen bisherigen Vorlieben passen.

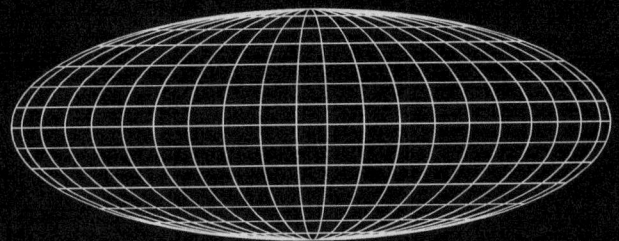

KI-Technologien

Zwei Schlüsseltechnologien in der KI sind maschinelles Lernen und neuronale Netze. Maschinelles Lernen ermöglicht es Computern, aus Daten zu lernen und sich zu verbessern, ohne dass sie explizit programmiert werden müssen. Neuronale Netze sind von der Funktionsweise des menschlichen Gehirns inspiriert und können komplexe Muster in Daten erkennen und interpretieren.

Die erste Begegnung von KI und Werbung

In der Werbebranche begann die Reise der KI mit der Analyse von Kundendaten. Früher basierte Werbung hauptsächlich auf Vermutungen und allgemeinen Marktstudien. Mit der Einführung der KI änderte sich das grundlegend. KI-Systeme konnten große Datenmengen verarbeiten und tiefergehende Einsichten in das Verhalten und die Vorlieben der Kunden liefern.

Von Daten zu gezielter Werbung

Zu Beginn nutzten Werbefachleute KI, um Kundendaten zu sortieren und Muster zu erkennen. Zum Beispiel konnte KI analysieren, welche Kundengruppen bestimmte Produkte bevorzugten. Mit diesen Informationen konnten Werbetreibende ihre Anzeigen gezielter platzieren und so ihre Werbeausgaben effizienter gestalten.

Die Revolution der KI in der Werbung

Diese frühen Anwendungen legten den Grundstein für die heutige Nutzung von KI in der Werbebranche. Von einfachen Analysen bis hin zu komplexen, personalisierten Werbekampagnen hat sich die Rolle der KI rasant weiterentwickelt. Heute wird KI nicht nur zur Zielgruppenanalyse verwendet, sondern auch für die kreative Gestaltung von Werbematerial, die Optimierung von Werbebudgets und sogar für die Vorhersage von Markttrends.

Werkzeuge und Technologien

Eine Übersicht über KI-Tools und -Technologien für Designer

Tools zur Textgenerierung: KI-basierte Textgeneratoren wie Jasper helfen Designern, Ideen für Texterstellung, Slogans und Inhalte zu entwickeln.

Bilderkennung und -klassifizierung: Excire für Lightroom kann Bilder analysieren und klassifizieren und dir dabei helfen, sie automatisch zu kennzeichnen und relevante visuelle Inhalte zu finden.

Bildbearbeitungswerkzeuge: Mithilfe von KI-gestützten Bildbearbeitungswerkzeugen z.B. in Adobe Photoshop oder Illustrator, können sich wiederholende Aufgaben wie Retuschieren, Entfernen von Hintergründen und Anwenden von Filtern automatisieren und optimieren lassen.

Personalisierungstools: Smartly.io bietet Tools wie KI-Optimierung, A/B-Tests und Workflow-Automatisierung, um Marken bei der Erstellung und Verwaltung von Werbekampagnen zu unterstützen. Es ist in großen sozialen Netzwerken wie Facebook, Instagram, Pinterest und Snapchat integriert, was das Verwalten von Werbeaktionen vereinfacht.

Datenanalyse und Erkenntnisse: Albert.ai positioniert sich als „selbstlernender digitaler Marketing-Verbündeter" und ist besonders geschickt in der Optimierung und Generierung von Budgets. Es hilft nicht nur bei der strategischen Planung, sondern auch dabei, mehr Reichweite mit weniger Aufwand zu erzielen.

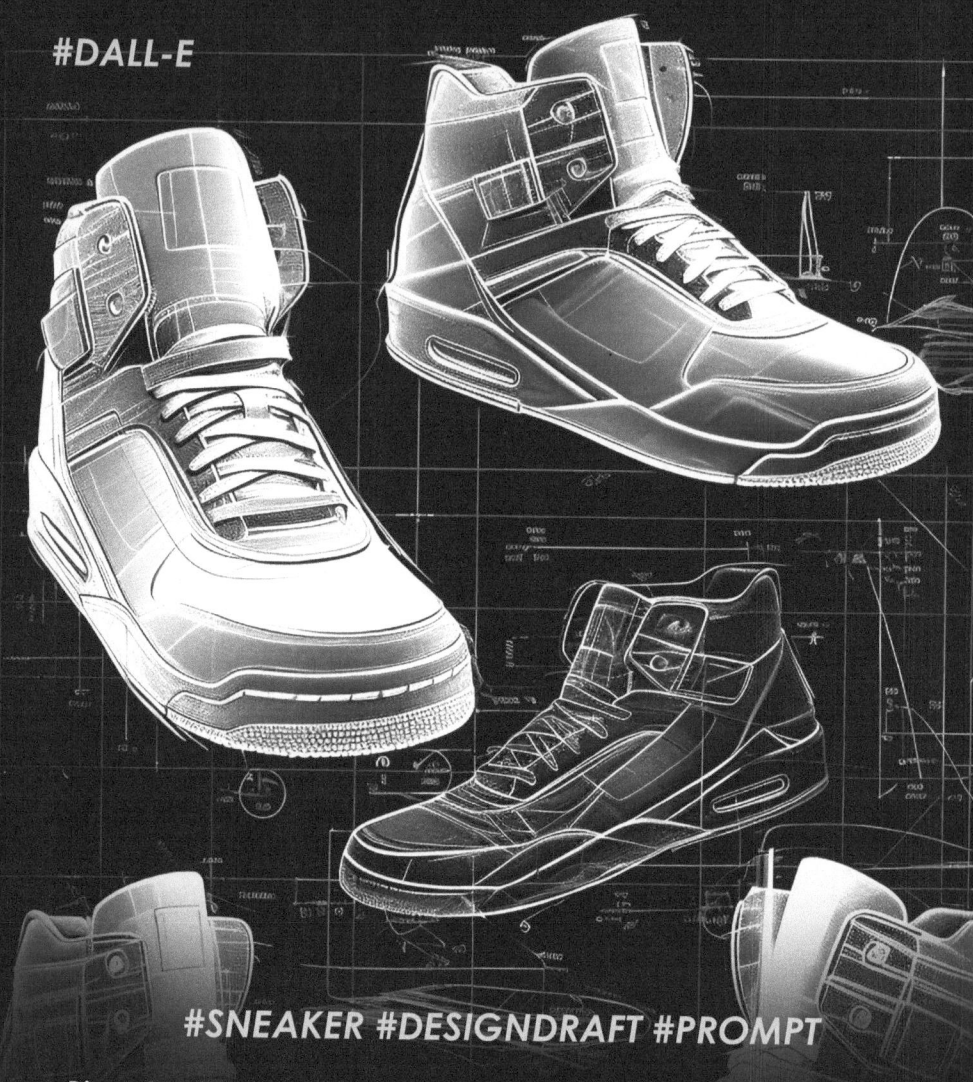

#DALL-E

#SNEAKER #DESIGNDRAFT #PROMPT

Dieser Sneaker Sketch wurde durch den Einsatz der KI „Dall-E" von OpenAI erstellt, basierend auf dem Prompt:*„Technische Zeichnung eines Sneaker auf schwarzem Papier, Design von Turnschuhen, verschiedene Ansichten". Die Verwendung von KI-Technologie ermöglicht hier einzigartige Designansätze und Perspektiven. KI unterstützt dabei, komplexe Details und verschiedene Ansichten präzise und innovativ abzubilden. Diese Methode erweitert und verbessert traditionelle Designmethoden, indem sie die schnelle Entwicklung und Bewertung verschiedener Designoptionen ermöglicht und erfahrene Designer unterstützt.

Videobearbeitung und -erstellung: KI kann die Videobearbeitung vereinfachen, Effekte hinzufügen und sogar automatisch Videoclips erstellen.

Sprachgenerierung und -verarbeitung: Voice AI hilft bei der Erstellung von Voiceovers, Chatbots und Voice User Interfaces (VUIs).

Kollaborationstools: Plattformen, die KI- und Kollaborationsfunktionen kombinieren, ermöglichen es dir, in Echtzeit mit anderen Designern zusammenzuarbeiten und kreative Projekte zu optimieren.

A/B-Testtools: KI automatisiert A/B-Tests und gibt dir Empfehlungen zur Optimierung deiner Designs und Kampagnen.

Designunterstützung: KI unterstützt dich als Designer mit Vorschlägen und Empfehlungen zu Farbpaletten, Layouts und Designelementen.

Marktforschung und Trendanalyse: KI kann große Datenmengen analysieren, um aktuelle Markttrends und Verbraucherverhalten zu erkennen.

Ein Prompt ist eine Anfrage oder Anweisung, die eine bestimmte Reaktion oder Antwort von einem System, wie einem KI-Modell, auslöst. Es fungiert als Startpunkt für die vom Nutzer angestoßene Handlung oder Reaktion.

PROMPT?

10 aus unserer Sicht erwähnenswerte Plattformen

Adobe Creative Cloud: Bietet eine Vielzahl von KI-gestützten Funktionen in Produkten wie Photoshop, Illustrator und InDesign.

Canva: Verwendet KI, um Designvorlagen anzupassen und Benutzern die Erstellung von Grafiken zu ermöglichen.

Figma: Bietet KI-gestützte Kollaborations- und Designunterstützungstools, um den Designprozess zu optimieren.

Runway ML: Mit dieser Plattform können Designer KI-Modelle erstellen und in kreative Projekte integrieren.

Crello: Ähnlich wie Canva bietet Crello KI-gestützte Designfunktionen und Vorlagen für Grafiken und Videos.

Designify: Nutzt KI, um personalisierte Designs basierend auf deinen Vorlieben zu erstellen.

Wit.ai: Diese Plattform hilft Designern bei der Entwicklung von Sprachbenutzeroberflächen (VUI) und sprachbasierten Anwendungen.

Replika: Nutzt KI, um kreative Ideen und Inspiration zu generieren, die Designer in ihre Projekte integrieren können.

EyeQuant: Analysiert Website-Designs mithilfe von KI, um die Benutzerfreundlichkeit und visuelle Wirkung zu optimieren.

Tailor Brands: Tailor Brands nutzt KI, um individuelle Logos und Branding-Materialien für Unternehmen zu erstellen.

#NIGHTCAFE

TEIL 3: KI und Kreativität

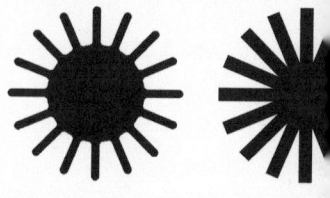

Generative KI: KI-Modelle wie GPT-3.5 und Suno AI sind kostenlos, und können menschenähnliche Texte, Bilder und sogar Musik erzeugen. Die kostenpflichtige Variante GPT-4 bietet hingegen wesentliche Verbesserungen in Geschwindigkeit und Genauigkeit. Kreative können diese Modelle nutzen, um sich Ideen und Inspirationen zu holen oder sogar komplette Designs zu erstellen.

Personalisierung: KI kann Daten analysieren und personalisierte Inhalte und Designs erstellen, die auf die individuellen Bedürfnisse und Vorlieben deiner Zielgruppe zugeschnitten sind. Dadurch können maßgeschneiderte Werbekampagnen und Marketingmaterialien erstellt werden.

Aufgabenautomatisierung: KI kann sich wiederholende Aufgaben wie Bildretusche, Textkorrektur und Datenverarbeitung automatisieren. Dadurch haben Designer mehr Zeit, sich auf die kreativen Aspekte ihrer Arbeit zu konzentrieren.

Übersetzung und Lokalisierung: KI hilft dabei, Inhalte zu übersetzen und Designs für verschiedene Märkte und Sprachen anzupassen.

Prototyping und Simulation: KI kann herangezogen werden, um Prototypen und Simulationen zu erstellen, damit Designideen getestet und verfeinert werden können, bevor sie in die Produktion gehen.

Emotionserkennung und -anpassung: KI-Technologien erkennen menschliche Emotionen und passen Designelemente in Echtzeit an, um eine emotionale Bindung beim Benutzer zu schaffen. Sie verändern beispielsweise Farben und Inhalte interaktiver Schnittstellen basierend auf der Stimmung des Benutzers.

Inhaltskuration: KI hilft den Designern, relevante Inhalte aus dem Internet zu kuratieren und für Marketingzwecke zu nutzen.

Künstliche Intelligenz trägt dazu bei, den kreativen Gestaltungsprozess zu optimieren und effizienter zu machen. Sie hilft Zeit zu sparen und die Designqualität zu steigern, indem sie die Entwicklung von neuen, maßgeschneiderten Ideen fördert. Jedoch ersetzt KI nicht die menschliche Kreativität, sondern dient als unterstützendes Werkzeug, das Designern nützliche Werkzeuge und Einsichten bietet.

Inspiration durch Algorithmen

Inspiration durch Algorithmen ist in der heutigen kreativen Welt kaum noch wegzudenken. Künstliche Intelligenz bietet Kreativen wie uns eine Fülle von Inspirationsmöglichkeiten. Von Empfehlungsalgorithmen, die maßgeschneiderte Ideen vorschlagen, über spezielle KI-Tools zur Ideengenerierung bis hin zur Analyse von Trends und Mustern in großen Datenmengen eröffnen Algorithmen von Natur aus neue kreative Horizonte. Sie können nicht nur den kreativen Prozess unterstützen, sondern auch neue Perspektiven und innovative Ansätze für die Arbeit von Designern, Künstlern und Werbetreibenden bieten. Allerdings sollte man sich vor Augen halten, dass KI als Katalysator fungiert, um menschliche Kreativität zu verstärken und zu bereichern, statt sie zu verdrängen.

Kreative Ideenfindung mit KI

Lass uns über kreative Ideenfindung mit Künstlicher Intelligenz (KI) sprechen. Durch die Analyse von Daten und das Erkennen von Mustern kann Künstliche Intelligenz dazu beitragen, neue Ideen zu generieren. Sie besitzt die Fähigkeit, große Mengen an Informationen zu durchforsten und Trends zu erkennen. Mit generativen Modellen kannst du neue Ideen und Konzepte erstellen. Empfehlungssysteme geben dir personalisierte Inspiration. Textanalyse und spezialisierte KI-Tools helfen dir dabei, relevante Schlagwörter, Konzepte und visuelle Elemente zu finden. Aber wichtig ist, dass KI kein Ersatz für deine künstlerische Vision ist. Du bist immer noch der Hauptakteur und kannst die besten Ergebnisse erzielen, indem du KI als Werkzeug nutzt und deine eigene Kreativität einbringst. Zusammenarbeit von Mensch und Maschine ermöglicht innovative Projekte. Also nutze KI als Unterstützung und lass deine Vorstellungskraft die Führung übernehmen!

Beispiele aus der Praxis

Automatische Bildgenerierung: KI kann Bilder und Illustrationen basierend auf Textbeschreibungen und Aufzählungspunkten generieren. Dies ist besonders nützlich bei der Erstellung visueller Inhalte für Marketing und Werbung.

Personalisierte Inhaltsempfehlungen: Plattformen wie Netflix und Spotify nutzen KI, um das Nutzerverhalten zu analysieren und personalisierte Empfehlungen für Filme, Musik und andere Inhalte bereitzustellen.

Automatische Übersetzung und Lokalisierung: KI-gestützte Übersetzungsdienste wie DeepL können Inhalte in verschiedene Sprachen übersetzen, um globale Werbekampagnen zu vereinfachen.

Chatbots und Konversations-KI: Chatbots verbessern den Kundensupport in vielen verschiedenen Branchen, indem sie KI verwenden, um auf Kundenfragen zu antworten und personalisierten Service in Echtzeit bereitzustellen.

Textanalyse für die Marktforschung: KI analysiert große Mengen an Textdaten aus sozialen Medien, Foren und Umfragen, um Trends, Meinungen und Kundenfeedback zu verstehen und so die strategische Planung zu unterstützen.

Automatisierte Videoproduktion: Plattformen wie Lumen5 nutzen KI, um aus Textinhalten automatisch Videoclips zu erstellen, die für Social-Media-Marketing oder Erklärvideos verwendet werden können.

KLIPP
UND KLAR!

DEIN STYLE, DEINE APP.

KLIPP DICH REIN: APP DOWNLOADEN, VORTEILE ERLEBEN!

GET IT ON
Google Play

Download on the
App Store

#CHARACTERDESIGN #KAMPAGNE

Brainsworld360° entwickelte für KLIPP Frisör, Österreichs führendem Friseurdienstleister, eine kreative Kampagne zur Einführung einer neuen Kunden-App. Diese Kampagne kombiniert automatisch generierte Bilder mit gekonntem Grafikdesign von Power-Usern. Dazu gehört auch eine hochwertige Bildretusche sowie die sorgfältige Platzierung von Sprüchen und Bildunterschriften durch professionelle Grafikdesigner. Diese Charaktere stellen die technologischen Innovationen von KLIPP ansprechend dar, sodass die Kampagne einen neuen Beitrag zur digitalen Kommunikation mit Kunden leistet.

Beispiele aus der Praxis

Personalisierte E-Mail-Marketingkampagnen: KI kann E-Mail-Marketingkampagnen personalisieren, indem sie den Inhalt und den Sendezeitpunkt basierend auf dem Verhalten und den Vorlieben des Empfängers anpasst.

Generative Textmodelle für kreatives Schreiben: Autoren und Kreative nutzen generative Text-KI-Modelle wie GPT-3, um Ideen für Geschichten, Gedichte und Anzeigentexte zu generieren.

Design- und Layoutoptimierung: KI optimiert das Design von Websites, Anzeigen und Druckmaterialien, um eine ansprechende Ästhetik und Benutzererfahrung zu gewährleisten.

Nachhaltigkeitsanalyse: KI hilft bei der Entwicklung umweltfreundlicher Designs, indem sie Materialauswahl und Produktionsprozesse analysiert. Sie verbessert so die ökologische Nachhaltigkeit von Produkten.

Datenbasierte Farb- und Stilberatung: Algorithmen der Künstlichen Intelligenz können Daten aus verschiedenen Quellen analysieren, um Farbtrends und Designstile vorherzusagen oder zu empfehlen. Diese Technologie kann in Bereichen wie Mode, Innenarchitektur und Grafikdesign eingesetzt werden, um sicherzustellen, dass deine Designs relevant und optisch ansprechend sind. Dies hilft dir bei der Auswahl von Farbpaletten und Designelementen, die zu aktuellen Trends und den Vorlieben deiner Zielgruppe passen.

TEIL 4:
KI in Grafikdesign und Werbung

KI in der Grafikgestaltung

Hast du schon einmal überlegt, wie Künstliche Intelligenz (KI) deine Arbeit verändern kann? Es gibt spannende Möglichkeiten, die deine kreativen Fähigkeiten erweitern können. Ein großartiger Vorteil von KI in der Grafikgestaltung ist die automatische Generierung von Bildern. Basierend auf deinen Textbeschreibungen oder Ideen kann die KI Bilder, Illustrationen und Grafiken erstellen. Das ist besonders nützlich in der Werbung und im Marketing. Aber das ist noch nicht alles! KI übernimmt auch zeitraubende Aufgaben wie das Entfernen ungewünschter Elemente, die Optimierung von Farben und Verbesserungen der Komposition. Das bedeutet weniger Arbeit für dich und mehr Zeit für die Feinabstimmung deiner Designs. Auch im Bereich Logo-Design kann KI einen großen Beitrag leisten. Du kannst Algorithmen und Vorlagen nutzen, um Logo-Ideen zu generieren. Obwohl KI im Bereich Vektorlogos noch nicht die Qualität erfahrener Designer erreicht, bietet sie dennoch interessante Möglichkeiten zur Ideenfindung. Ein weiterer Vorteil ist die Personalisierung von Grafiken. Die KI erstellt maßgeschneiderte Visuals, die genau auf die Wünsche und demografischen Eigenschaften deiner Zielgruppe zugeschnitten sind. So erreichst du eine höhere Wirkung und bleibst in Erinnerung. Die KI revolutioniert also das Grafikdesign, indem sie dir Werkzeuge zur Verfügung stellt, mit denen du effizienter arbeiten kannst. Von automatisierten Layouts bis hin zur generativen Kunst - du setzt damit neue Standards. Nutze diese Technologie, um Zeit zu sparen und innovative Designs zu erstellen, die den heutigen Anforderungen gerecht werden. Also, sei mutig und lass KI ein Teil deines kreativen Prozesses sein. Du wirst überrascht sein, welche Möglichkeiten sich dir eröffnen!

KI in der kreativen Konzeption

KI-Systeme, die ursprünglich für analytische und datenintensive Aufgaben entwickelt wurden, erweisen sich nun als nützliche Werkzeuge für kreative Prozesse.

Generierung von Mustern und Texturen durch KI

Einer der bemerkenswertesten Aspekte der KI im Grafikdesign ist ihre Fähigkeit, Muster und Texturen zu erzeugen. Durch das Lernen und Analysieren bestehender Kunstwerke und Design-elemente kann KI neue visuelle Konzepte kreieren, die sowohl innovativ als auch ästhetisch ansprechend sind. Diese Fähigkeit wird besonders in der Textilindustrie, im Webdesign und in der digitalen Kunst genutzt, wo originelle und auffällige Muster gefragt sind.

KI im Prozess der kreativen Ideenfindung

KI kann auch im frühen Stadium der Ideenfindung eine Rolle spielen. Sie kann beispielsweise Design-Trends analysieren und darauf basierend Vorschläge für Farbschemata, Layout-Konzepte oder sogar komplette Design-Entwürfe generieren. Für Designer bedeutet dies eine wertvolle Inspirationsquelle und einen Ausgangspunkt, um eigene Ideen weiterzuentwickeln.

Personalisierung von Designs

Ein weiterer wichtiger Bereich, in dem KI glänzt, ist die Perso-nalisierung von Designs. KI-Systeme können Nutzerdaten ana-lysieren, um maßgeschneiderte Designlösungen zu erstellen, die auf individuelle Vorlieben und Bedürfnisse zugeschnitten sind. Dies ist besonders im Online-Marketing und E-Commerce nützlich, wo personalisierte Benutzererlebnisse zu einer höheren Kundenbindung und besseren Konversionsraten führen kön-nen.

KI und menschliche Interaktion

Die KI kann zwar beeindruckende Designideen liefern, aber Designer sind immer noch wichtig, um diese Ideen zu prüfen und zu verbessern. Es ist ihre Aufgabe, die Vorschläge der KI zu nehmen, sie kritisch zu betrachten und weiterzuentwickeln. Wenn KI-Entwürfe mit dem menschlichen Blick fürs Detail kombiniert werden, entstehen daraus wirklich besondere und gut durchdachte Designs.

#STABLEDIFFUSION

Automatisierung
von Designaufgaben

Als Designer bringt dir die Automatisierung eine Fülle an Tools, die deinen Arbeitsalltag revolutionieren. Sie erleichtert die Projektorganisation, ermöglicht dir, deine Zeit effizienter zu nutzen, und schenkt dir mehr Freiraum für kreatives Schaffen. Mit der Fähigkeit, schnell Markttrends und Kundenwünsche zu analysieren, bieten dir KI-gestützte Analysetools die Chance, Designs zu kreieren, die nicht nur ästhetisch ansprechend, sondern auch markt- und zielgruppenorientiert sind.

Die Automatisierungstransformation im Design umfasst auch die Bereiche Prototyping und Iteration. Mit automatisierten Design-Tools kannst du ohne großen Zeitaufwand verschiedene Designvarianten ausprobieren und optimieren. Dies ermöglicht es dir, schnell und effizient die ideale Lösung für jedes Projekt zu finden. Darüber hinaus unterstützen dich Automatisierungstools bei der Anpassung deiner Entwürfe für unterschiedliche Medien und Plattformen, was eine nahtlose Skalierung und Konsistenz deiner Projekte garantiert. In dieser Ära der Automatisierung bist du nicht nur ein Designer, sondern auch ein Innovator, der die Grenzen des Möglichen neu definiert.

Wie KI personalisierte Werbung ermöglicht

In der Werbewelt hat der Einsatz Künstlicher Intelligenz schon jetzt einen tiefgreifenden Wandel herbeigeführt. KI-Systeme nutzen umfassende Datenanalysen über Nutzerverhalten und -vorlieben, um maßgeschneiderte Werbebotschaften zu erstellen. Diese maßgeschneiderten Inhalte sprechen jeden Benutzer direkt an, basierend auf seinen individuellen Interessen und Bedürfnissen. Ein wesentlicher Vorteil ist die gesteigerte Relevanz deiner Werbebotschaften für jeden einzelnen Nutzer.

Wenn Nutzer Werbung sehen, die exakt auf ihre persönlichen Interessen zugeschnitten ist und sie in Design und Inhalt anspricht, steigt die Wahrscheinlichkeit, dass sie darauf reagieren. Sei es durch einen Klick, einen Kauf oder eine Anmeldung – die Konversionsraten verbessern sich deutlich, was die Effektivität deiner Marketingkampagnen erhöht. Darüber hinaus trägt personalisierte Werbung zu einem positiveren Nutzererlebnis bei. Anstelle von generischen oder unerwünschten Werbeinhalten werden den Nutzern Angebote präsentiert, die ihr Interesse wecken. Dies fördert die Zufriedenheit und Loyalität gegenüber Marken. KI-gestützte personalisierte Werbung ist somit ein unverzichtbarer Bestandteil moderner Marketingstrategien und ihre Bedeutung dürfte mit der Weiterentwicklung der Technologie und Datenanalysefähigkeiten weiter steigen.

Design und Personalisierung

Personalisiertes Design ist entscheidend für die effektive Kommunikation mit Zielgruppen. Hier sind einige Schlüsselfaktoren, die die Bedeutung maßgeschneiderter Gestaltung unterstreichen:

Relevanz: Individuelle Gestaltung richtet sich gezielt nach den spezifischen Bedürfnissen, Vorlieben und Interessen des Empfängers. Diese zielgerichtete Ansprache schafft eine tiefere Verbindung zur Botschaft oder zum Produkt.

Engagement: Menschen zeigen ein höheres Interesse an Inhalten, die speziell auf sie zugeschnitten sind. Diese persönliche Relevanz erhöht die Aufmerksamkeit und Verweildauer.

Konversionsrate: Maßgeschneiderte Botschaften steigern die Wahrscheinlichkeit, dass Benutzer erwünschte Aktionen, wie z.B. Käufe, durchführen, da sie sich direkt angesprochen fühlen.

Kundenbindung: Durch personalisiertes Design fühlen sich Kunden wertgeschätzt und einzigartig. Dies stärkt die Kundenbindung und erhöht die Wahrscheinlichkeit von Wiederholungskäufen (was natürlich sehr produktabhängig ist).

Was es bewirkt: Das personalisierte Design hilft dir, relevante Informationen hervorzuheben und dich auf das Wesentliche zu konzentrieren. Dadurch wird die Botschaft effektiver vermittelt. Insgesamt hat personalisiertes Design einen hohen Impact, da es die Interaktion, Konversion und Bindung von Kunden verbessert, was wiederum zu einer Zielführenden und erfolgreichen Kommunikation führt.

Der Weg zu mehr Umweltfreundlichkeit

In der dynamischen Welt des Designs hat sich Künstliche Intelligenz (KI) als unverzichtbares Werkzeug etabliert, vor allem im Hinblick auf nachhaltige und umweltfreundliche Gestaltung. Einer der Hauptvorteile der KI liegt in ihrer Fähigkeit, bei der Auswahl umweltschonender Materialien zu unterstützen. Stellen wir uns vor, ein Designer entwickelt eine neue Verpackung: Hier kann KI innovative, recyclebare Materialien vorschlagen, die nicht nur die Umweltbelastung reduzieren, sondern auch bei umweltbewussten Kundinnen und Kunden Anklang finden.

Ein weiterer wesentlicher Nutzen der KI im Designprozess ist die Steigerung der Effizienz. Durch intelligente Algorithmen ist es möglich, den Einsatz von Rohstoffen zu optimieren und damit die Abfallproduktion zu minimieren. Dies ist nicht nur aus ökologischer Sicht vorteilhaft, sondern hilft auch, Kosten zu sparen. Im Bereich des Textildesigns könnte KI zum Beispiel eingesetzt werden, um Schnittmuster so zu gestalten, dass der Stoffverbrauch minimiert und Verschnitt reduziert wird. Dies ist besonders relevant in einer Branche, die für hohe Abfallmengen bekannt ist. KI hilft auch bei der Umwandlung und Vereinfachung komplexer Umweltdaten in anschauliche und verständliche Grafiken. Diese Visualisierungen sind besonders wertvoll, um das Bewusstsein für Umweltthemen in der Öffentlichkeit zu schärfen. Sie können in verschiedenen Medien wie Schulbüchern, Werbekampagnen oder auf Webseiten eingesetzt werden, um komplexe Daten greifbar zu machen und ein breites Publikum für Umweltthemen zu sensibilisieren. Solche Grafiken ermöglichen es Menschen, die Auswirkungen ihres Handelns auf die Umwelt besser zu verstehen und informierte Entscheidungen zu treffen.

Darüber hinaus ermöglicht KI die Entwicklung von Designs, die Umweltbewusstsein fördern und gleichzeitig ästhetisch ansprechend sind. Die Analyse aktueller Trends und relevanter Umweltthemen kann KI-Designern helfen, Produkte zu kreieren, die sowohl schön als auch umweltfreundlich sind. Dies kann von der Konzeption nachhaltiger Verpackungen bis hin zur Gestaltung von Werbematerialien reichen, die Umweltbewusstsein vermitteln und gleichzeitig den Markenwert steigern.

Ein interessanter Aspekt ist auch, wie KI in der Produktentwicklung eingesetzt werden kann, um die Lebenszyklusanalyse von Produkten zu verbessern. Durch die Analyse von Daten über die gesamte Lebensdauer eines Produkts kann KI helfen, Punkte zu identifizieren, an denen die Umweltauswirkungen reduziert werden können, sei es in der Produktion, im Gebrauch oder bei der Entsorgung.

TEIL 5:
KI-Imperfektionen. Wenn KI nicht dem Ideal entspricht.

Grafische Skills makes State of the Art.

Hier tauchen wir in die faszinierende Welt der von KI erschaffenen Bilder ein und beleuchten die oft verborgenen Fehler und Missgeschicke, die dabei auftreten können. So beeindruckend die Fähigkeit der Künstlichen Intelligenz auch sein mag, Bilder aus dem Nichts zu kreieren, so fehleranfällig ist dieser Prozess noch. Um diese Fehler zu korrigieren, braucht es nicht nur ein tiefes grafisches Verständnis, sondern auch künstlerisches Geschick, das über Jahre hinweg verfeinert wurde. Genau diese Fähigkeiten sind unerlässlich, um aus den ersten Entwürfen der KI wahre Kunstwerke zu machen. Damit wird deutlich, wie wichtig menschliches Eingreifen, und der kreative Einsatz bei der Erzeugung von KI-Bildern sind.

✳ KI-Bilder mit Fehlern.

Die zwei KI-generierten Bilder zeigen markante Unzulänglichkeiten: Die erste Illustration präsentiert eine Business-Szene mit einem Mann und einer Frau mit überlangen (und zu vielen) Fingern, untypischen Zähnen und einer unvollständigen Uhr. Die zweite Illustration zeigt einen Vater und seine Tochter beim Essen von Burgern, jedoch mit auffälligen Fehlern wie unproportionalen Fingern und surrealen Elementen. Diese beiden Bilder zeigen auf, wo Künstliche Intelligenz noch Schwierigkeiten hat, Menschen und alltägliche Szenen naturgetreu wiederzugeben. Sie unterstreichen, wie wichtig es ist, klassische grafische Fertigkeiten einzusetzen, um diese offenkundigen Schwächen auszubessern.

Prompt Bild 1: „ein Bild, das einen Mann und eine Frau zeigt, die an einer Konferenz teilnehmen, nebeneinander sitzen und mit fröhlichen Lächeln in die Kamera schauen"

KI-Imperfektionen.
Vorher / Nacher

Prompt: „ein fotorealistisches Bild, das ein Paar zeigt, das in Miami, Florida, Eis isst. Die Szene spiegelt das sonnige Wetter, den klaren blauen Himmel, die Palmen im Hintergrund wieder."

Vorher

Das mit KI erstellte Bild weist viele Fehler auf, darunter eine schwebende Eistüte, surreale Elemente am Tisch und am Trinkbecher etc.

Nachher

Im Vergleich zu „Vorher" wurden störende Irritationen durch einen Grafiker mithilfe von Photoshop in einem ersten schnellen Schritt wegretuschiert.

Liebe KI, mach mir ein Logo!
Und warum das bis jetzt
gar nicht gut klappt.

Let's Logo!

Tatsächlich versuchen einige Leute bereits, Künstliche Intelligenz (KI) zur Erstellung von Logos zu nutzen. Dieser Ansatz hat sowohl Vor- als auch Nachteile.

Einer der Hauptvorteile besteht darin, dass KI-Systeme sehr schnell verschiedene Gestaltungsmöglichkeiten generieren können, was den kreativen Prozess tatsächlich beschleunigt. Darüber hinaus können diese Systeme durch das Erlernen von Designprinzipien und aktuellen Trends Designs vorschlagen, die möglicherweise relevant als auch ästhetisch ansprechend sind. Allerdings gibt es bis heute erhebliche Herausforderungen und Gründe, warum KI-generierte Logos oft schlichtweg nicht funktionieren (und zum Teil erfahrenen Grafikern die Haare aufstellen).

KI-generierte Logos weisen noch viele Einschränkungen auf, wenn es um Einzigartigkeit, Markenverständnis und rechtliche Aspekte geht. Sie neigen zu generischen Designs und können die spezifische Identität einer Marke oft nicht vollständig erfassen. Darüber hinaus besteht das Risiko rechtlicher Probleme aufgrund unbeabsichtigter Urheberrechtsverletzungen. KI-Designs erfordern häufig manuelle Anpassungen durch professionelle Designer, insbesondere in Bezug auf technische Aspekte wie Skalierbarkeit (Vector-Logos) und Druckqualität. KI kann die kreative Expertise oder das tiefe Markenverständnis erfahrener Designer derzeit nicht ersetzen.

Wir haben ChatGTP gebeten, uns als Beispiel ein Logo zu den Themen Consulting, Strategy, Digitalization & Transformation zu erstellen.

ChatGTP wollte dann noch wissen, ob das Logo
A) Lebhaft B) Neutral oder C) Seriös sein soll.

Bitte ein Logo mit A

Ausgezeichnete Wahl für ein Beratungs- und M&A-Unternehmen. Nun, auf einer Skala von 1 bis 10, wie komplex soll das Logo sein? 1 bedeutet extrem sauber und einfach, und 10 bedeutet extrem detailliert und komplex.

Bitte ein Logo mit 4

Als nächstes, welche Farbpalette bevorzugen Sie für das Logo? Hier sind einige Optionen:

A   Blau und Grau
B   Grün und Schwarz
C   Rot und Weiß
D   Eigene Palette (bitte spezifizieren)
E   Entscheide Du für mich

Bitte ein Logo mit E

Einige „Logo-Kreationen" die uns ausgeworfen wurden, findet Ihr auf den nächsten zwei Seiten.

(Noch) Mehr Ouch als Wooooow!

Schon bei der ersten Betrachtung wird offensichtlich, dass KI-generierte Logos oft weit entfernt von dem sind, was in der professionellen Grafikdesignbranche als nutzbar gilt.

Die hier von der KI erstellten „Logo-Vorschläge" sind in der Praxis für professionelle Grafikdesigner nicht zu gebrauchen, könnten aber unter Umständen für Designideen herangezogen werden.

KI-generierte Logos können den kreativen Prozess anregen, doch für ein professionell und markengerecht gestaltetes Logo bleibt die Zusammenarbeit mit erfahrenen Grafikdesignern aber (noch) unverzichtbar. Trotz der Schnelligkeit und der Vielfalt an Designideen, die KI-Tools bieten, mangelt es den resultierenden Logos an grundlegenden professionellen Standards wie Skalierbarkeit, Eindeutigkeit und der Einhaltung einer kohärenten Markenidentität. Sie sind meist als Pixelbilder konzipiert, was ihre Anwendbarkeit durch mangelnde Skalierbarkeit ohne Qualitätsverlust erheblich einschränkt, im Gegensatz zu Vektorgrafiken, die für professionelle Logos unerlässlich sind. Zudem fehlt ein umfassender Markenleitfaden, der die korrekte Anwendung des Logos über verschiedene Plattformen und Medien hinweg definiert. Auch wenn durch sorgfältige Anpassung der Eingabeparameter die KI zu besseren Entwürfen angeleitet werden kann, bleibt die Tatsache bestehen, dass die KI die tiefgreifende Expertise und das feine Verständnis für Markenbildung, das professionelle Designer mitbringen, nicht ersetzen kann.

CONSULTATING + M&A A

TEIL 6:
Picture-KI-Vergleich

Es gibt viele Bildgenerierungs-KI's.
Welche davon ist für dich geeignet?

Wenn du vor der Wahl stehst, zwischen Midjourney und DALL-E für deine Bildgenerierungsprojekte zu entscheiden, gibt es einige klare Unterscheidungsmerkmale, die dir helfen könnten, die Entscheidung zu treffen, welche Plattform am besten zu deinen Bedürfnissen passt.

Midjourney zeichnet sich durch eine beeindruckende Bildqualität und die Fähigkeit aus, konsistent hochwertige Ergebnisse zu liefern. Die Nutzung erfolgt hauptsächlich über einen Discord-Bot, was eine einzigartige Herangehensweise darstellt. Diese Methode mag auf den ersten Blick ungewöhnlich erscheinen, bietet jedoch eine direkte und interaktive Möglichkeit, Bildanfragen zu stellen und Ergebnisse zu erhalten. Die regelmäßigen Updates und die speziellen Modelle, wie die Niji-Versionen für Anime- und Illustrationsstile, zeigen Midjourneys Engagement für Innovation und Vielseitigkeit. Allerdings könnte das komplexe Preismodell und die Abhängigkeit von Discord für manche Nutzer Nachteile darstellen.

DALL-E von OpenAI hingegen bietet eine nahtlose Integration mit ChatGPT, was besonders attraktiv für diejenigen sein kann, die bereits das ChatGPT-Plus-Abonnement nutzen. Mit DALL-E 3 hat OpenAI signifikante Verbesserungen in der Bildqualität eingeführt, was es zu einer konkurrenzfähigen Option im Bereich der KI-gestützten Bildgenerierung macht. Die Möglichkeit, DALL-E 3 kostenlos über Bing zu nutzen, obwohl mit gewissen Einschränkungen, erweitert seine Zugänglichkeit.

Dies könnte für Gelegenheitsnutzer oder diejenigen mit begrenzten Anforderungen besonders ansprechend sein.

Beide Plattformen bieten einzigartige Funktionen und Vorteile. Midjourney könnte die bessere Wahl sein, wenn du Wert auf hochwertige Bildergebnisse legst und bereit bist, dich mit der Nutzung über Discord anzufreunden. DALL-E hingegen könnte ideal sein, wenn du bereits in das Ökosystem von OpenAI investiert bist oder eine kostengünstige, zugängliche Option suchst, die direkt in die Suchmaschine Bing integriert ist.

Letztlich hängt die beste Wahl von deinen spezifischen Bedürfnissen, deinem Budget und deiner Präferenz in Bezug auf die Benutzeroberfläche ab. Beide Plattformen haben ihre Berechtigung und bieten beeindruckende Möglichkeiten im Bereich der KI-gestützten Bildgenerierung.

Prompt: „Nahaufnahme einer niedlichen Katze mit Rucksack, realistische Tuschezeichnung, hell dunkel, minimalsitisches Kunstwerk, mit heller Kreide auf schwarzem Hintergrund, detailreich, Malerei, Illustration"

#MIDJOURNEY

Picture-KI Vergleichstabelle

Weitere Bildgenerierungs-KI integriert in Texterstellungs-KI.

Neuroflash, ursprünglich bekannt für seine Textgenerierungskapazitäten, hat sich in die Bildgenerierung gewagt und bietet trotz seines minimalistischen Ansatzes mittelmäßige bis hohe Bildqualität. Es ist ideal für Anwender, die eine direkte, unkomplizierte Erfahrung suchen, ohne die Notwendigkeit für nachträgliche Bearbeitungen oder Skalierungen der Bilder.

Jasper Art erweitert die Fähigkeiten des Textgenerators Jasper, indem es Benutzern ermöglicht, unbegrenzt Bilder zu erstellen. Es ist besonders nützlich für diejenigen, die bereits Jasper für Texterstellung nutzen, da es als Add-on verfügbar ist. Jasper Art punktet mit einer einfachen Bedienung und einer modernen Oberfläche, bietet jedoch im Vergleich zu seinen Mitbewerbern eine mittelmäßige Output-Qualität.

Canva Create bietet eine breite Palette an neuen Funktionen, einschließlich eines Text-zu-Bild-Generators, der sich durch seine einfache Bedienbarkeit und intuitive Benutzeroberfläche auszeichnet. Canva ermöglicht es Benutzern, aus verschiedenen Stilen zu wählen und bietet eine gute Bildqualität, obwohl es die fotorealistischen Ergebnisse von Platzhirschen wie Midjourney nicht ganz erreicht.

Ideogram, entwickelt von ehemaligen Google-Experten, ist ein kostenloses Tool, das für seine Zuverlässigkeit bei der Erstellung von Bildern mit Texten bekannt ist. Es zeichnet sich durch eine beeindruckende Bildqualität aus, insbesondere bei realistischen Bildern, und integriert ein soziales Netzwerk direkt auf der Plattform, was die Bildgenerierung weiter vereinfacht.

Eigenschaft	Midjourney	DALL-E (OpenAI)
Zugang	Hauptsächlich über Discord-Bot	Direkt über die OpenAI-Website oder über ChatGPT Plus
Modell-Versionen	Regelmäßige Updates mit Versionen V1 bis V6 und spezielle Modelle wie Niji für Anime-Stile	DALL-E 3 als neueste Version, Verbesserungen gegenüber DALL-E 2
Bildqualität	Konsistent hochwertig, subjektiv oft als beste Ergebnisse bewertet	Hohe Qualität, insbesondere mit der Einführung von DALL-E 3 verbessert
Nutzungs-einschränkungen	Zugriff über Discord, kein eigenes Web-Interface, aber Entwicklung eines solchen geplant	Nutzung über Bing mit Einschränkungen oder über ein ChatGPT-Plus-Abonnement ohne zusätzliche Kosten
Preismodell	Komplex, mit verschiedenen Abonnements abhängig von Rechenzeit und Unternehmensgröße	20 USD pro Monat für ChatGPT Plus, einschließlich DALL-E 3 Nutzung
Besondere Merkmale	Möglichkeit, Bilder zu „erweitern" oder spezifische Bereiche mit neuen Prompts zu verändern	Bis zu 50 Bilder täglich generierbar, Integration mit ChatGPT
Anwendungsfälle	Schnelle Prototypenerstellung, Werbebranche, Architektur	Generell breites Anwendungsspektrum, spezifische Anwendungsfälle nicht detailliert beschrieben
Kontroversen	Gewinner eines digitalen Kunstwett-bewerbs, Kritik an Urheberrechtsverlet-zungen	Nicht spezifisch erwähnt, generelle Diskussionen um KI und Urheberrecht betreffen die Branche

TEIL 7:
Zusammenarbeit zwischen Mensch und Maschine

Die Stärken von Mensch und Maschine

In der modernen Werbeindustrie erleben wir eine faszinierende Verschmelzung der einzigartigen Fähigkeiten von Menschen und den fortschrittlichen Kompetenzen künstlicher Intelligenz. Menschen bringen ihre Empathie, kreatives Denken und ein tiefgreifendes Verständnis für kulturelle Kontexte mit. Diese menschlichen Eigenschaften sind unverzichtbar, wenn es darum geht, emotionale und authentische Werbekampagnen zu gestalten, die beim Publikum Anklang finden.

Künstliche Intelligenz hingegen bringt ihre Stärken in der Analyse großer Datenmengen, der Mustererkennung und der Automatisierung von repetitiven, zeitintensiven Aufgaben ein. Diese technologischen Fähigkeiten ermöglichen eine nie da gewesene Präzision und Effizienz in der Werbung, indem sie zielgerichtete, personalisierte Kampagnen ermöglichen, die auf dem Verhalten und den Vorlieben der Verbraucher basieren.

Der Prozess der kreativen Kollaboration

Der kreative Prozess in der Werbung beginnt oft mit dem menschlichen Touch – Werbefachleute setzen die Ziele, definieren die Zielgruppe und skizzieren die grundlegenden Botschaften einer Kampagne. Hier spielen menschliche Erfahrung und Intuition eine entscheidende Rolle. Sobald dieser Rahmen abgesteckt ist, tritt die KI in den Vordergrund. Mit ihrer Fähigkeit, riesige Datenmengen zu verarbeiten und zu analysieren, hilft sie, tiefere Einblicke in das Konsumentenverhalten zu ge-

winnen. Sie identifiziert verschiedene Zielgruppensegmente und prognostiziert, welche spezifischen Botschaften bei diesen Segmenten die stärkste Resonanz erzeugen könnten.

Darüber hinaus kann KI, wenn sie mit den richtigen Tools und genauen Parametern gefüttert wird, innovative visuelle Konzepte vorschlagen, die sowohl ansprechend als auch relevant sind. Diese visuellen Vorschläge können dann von menschlichen Designern weiter verfeinert und an die kulturellen Nuancen der Zielgruppe angepasst werden.

Das Potenzial dieser Partnerschaft

Durch die Kombination dieser unterschiedlichen, sich ergänzenden Fähigkeiten entstehen Werbekampagnen, die sowohl persönlich ansprechend als auch hochgradig effizient sind. Die symbiotische Zusammenarbeit zwischen Mensch und Maschine schafft eine neue Ära der Werbung, in der Kreativität und Technologie Hand in Hand gehen, um Kampagnen von unübertroffener Personalisierung und Relevanz zu schaffen.

Adobe Firefly: KI-Revolution in Photoshop

Adobe Firefly ist eine künstliche Intelligenz-Plattform von Adobe, die speziell entwickelt wurde, um Kreativprofis wie Grafikdesigner und Fotografen bei der Erstellung und Bearbeitung digitaler Inhalte zu unterstützen. Während KI oft mit der Analyse großer Datenmengen und Automatisierung in Verbindung gebracht wird, spielt sie in diesem Kontext eine unterstützende Rolle, die den Designer nicht ersetzt, sondern ergänzt. Das Ziel von Adobe Firefly ist es, kreative Prozesse zu erleichtern und zu beschleunigen, indem sie die künstlerische Vision des Nutzers mit leistungsfähigen technologischen Werkzeugen untermauert.

Ein markantes Beispiel für diese Unterstützung ist das Feature „Generatives Füllen" in Photoshop, das auf Adobe Firefly basiert. Dieses Tool ermöglicht es Nutzern, automatisch Bildinhalte zu bearbeiten und anzupassen, was besonders nützlich ist, wenn Bereiche eines Bildes ergänzt oder unerwünschte Elemente entfernt werden sollen. Die Funktionsweise des „Generativen Füllens" beruht darauf, dass der Benutzer einen Bereich im Bild auswählt, der verändert werden soll. Adobe Firefly analysiert dann den Kontext dieses Bereichs und generiert Inhalte, die nahtlos in die Umgebung passen. Dies kann die Erweiterung von Hintergründen, das Ausfüllen leerer Flächen oder das Ersetzen von Objekten umfassen.

Allerdings erfordert die Nutzung des Tools weiterhin die Fachkenntnisse eines qualifizierten Grafikers, um das generierte Bild nahtlos und effektiv in das Original einzuarbeiten. Auch wenn die KI den Kontext erkennt und entsprechende Inhalte generiert, sitzen diese nicht immer zu 100% perfekt.

Die Anwendungsbereiche dieses Tools sind vielfältig. Es kann beispielsweise in der Werbung verwendet werden, um Produkte ins rechte Licht zu rücken, in der Modefotografie, um Bilder zu optimieren, oder im Editorial Design, um visuelle Inhalte für Publikationen zu erstellen. Der größte Vorteil für Grafiker und Designer liegt in der Zeitersparnis und Effizienzsteigerung. Komplexe Bildbearbeitungen, die früher Stunden in Anspruch nahmen, können nun in wenigen Minuten durchgeführt werden, ohne dass die Qualität darunter leidet. Dadurch können Kreative schneller experimentieren, Iterationen durchführen und letztendlich kreativere und hochwertigere Arbeitsergebnisse liefern.

Mit KI Vektorgrafiken erstellen?

Das „Text zu Vektorgrafik"-Tool in Adobe Illustrator repräsentiert einen bedeutenden Schritt vorwärts in der Welt des Designs. Es ermöglicht Nutzern, durch einfache Texteingaben komplexe Vektorgrafiken zu generieren, die vollständig anpassbar und skalierbar sind. Diese Funktionalität bietet enorme Flexibilität und beschleunigt den Prozess der Grafikerstellung erheblich, indem sie eine direkte Umsetzung von beschreibenden Texten in visuelle Designs erlaubt.

Grundfunktion und Nutzung des Tools

Erstellung von Vektorgrafiken: Nutzer können im Tool eine Textbeschreibung eingeben, wie zum Beispiel „Berge im Morgennebel". Illustrator verwendet diese Beschreibung, um automatisch eine oder mehrere Vektorgrafiken zu erstellen, die diesem Thema entsprechen.

Anpassung und Editierung: Die generierten Grafiken können auch nachträglich editiert werden. Dies umfasst Farbanpassungen, Formveränderungen und das Hinzufügen oder Entfernen von Designelementen.

Vielseitige Anwendungsbereiche: Ob für Webdesign, Printmedien oder digitale Kampagnen – die so erstellten Grafiken können breit gefächert eingesetzt werden.

Vorteile des Einsatzes

Zeitersparnis: Die automatische Generierung von Grafiken spart erheblich Zeit im Vergleich zu traditionellen Methoden der Grafikerstellung.

Kreativität: Die Möglichkeit, schnell verschiedene Designs zu erzeugen und zu testen, fördert die kreative Entfaltung und Experimentierfreude.

Konsistenz: Für Marken, die eine einheitliche visuelle Identität über verschiedene Plattformen hinweg sicherstellen wollen, bietet das Tool eine wertvolle Unterstützung.

Das „Text zu Vektorgrafik"-Tool befindet sich derzeit noch in der Betaphase und ist noch nicht genug ausgereift um im professionellen Bereich Anwendung zu finden. Auch wenn sich die Vorteile verlockend anhören überwiegen die Nachteile:

Verlust der Originalität: Während das Tool die Fähigkeit besitzt, schnell Grafiken basierend auf Textbeschreibungen zu generieren, könnte dies eventuell die Originalität und Einzigartigkeit der Designs beeinträchtigen.

Übermäßige Abhängigkeit von Technologie: Die Nutzung solcher fortschrittlichen Werkzeuge kann zu einer übermäßigen Abhängigkeit von technologischen Lösungen führen. Dies könnte die Entwicklung traditioneller Designfähigkeiten, wie manuelles Zeichnen und konzeptionelles Denken, untergraben.

Genauigkeit und Kontext: Die auf KI basierten Tools können zwar effektiv grafische Elemente generieren, aber sie mögen nicht immer den Kontext oder die subtilen Nuancen eines Projekts vollständig verstehen. Dies kann dazu führen, dass die Ergebnisse manchmal nicht genau die Intention des Designers widerspiegeln.

Das KI-Tool von Photoshop hat seine Anwendungsberechtigung bewiesen, das entsprechende Tool von Illustrator jedoch noch nicht.

TEIL 8:
Von KI zu Award

Der Prozess

Brainsworld360° entwickelte für KLIPP Frisör, Österreichs führenden Friseurdienstleister, eine kreative Kampagne zur Einführung einer neuen Kunden-App. Im Rahmen unserer Marketingstrategie entschieden wir uns bewusst für eine Bildsprache mit Charakteren, da diese eine hohe Identifikation ermöglicht und sich die Kunden dadurch persönlich angesprochen fühlen.

Die Herausforderung bestand nicht nur darin, visuell ansprechende Charaktere zu kreieren, sondern auch darin, diese so zu gestalten, dass sie die Vielfältigkeit und Individualität des KLIPP-Kundenspektrums authentisch widerspiegeln. Durch diesen sorgfältigen und iterativen Prozess gelang es uns, eine Reihe von Charakteren zu entwickeln, die nicht nur optisch ansprechend, sondern auch mit der Marke KLIPP und ihren Werten tief verbunden sind.

Für unsere fünf ausgewählten Charaktere benötigten wir knapp 240 Prompt-Eingaben in MidJourney, um zu unserem gewünschten Ergebnis zu kommen. Dies zeigt, dass der Einsatz von Künstlicher Intelligenz nicht sofort zum gewünschten Bild führt; es bedarf immer noch spezifischem Know-how und einer grundlegenden Idee. Die durch KI generierten Bilder wurden anschließend einer aufwendigen Photoshop-Retusche unterzogen, inklusive Fehlerkorrekturen, Anpassungen von Farbton und Sättigung, Tonwertkorrektur sowie von Helligkeit und Kontrast, um alle Charaktere einheitlich darzustellen.

Vom KI-Bild zur Kampagne

1 Das erste Bild dient als Rohdatei, die von MidJourney generiert wurde. Diese Datei hat eine Anfangsauflösung von 928 x 1280 Pixeln, was für professionelle Druckzwecke nicht ausreicht. Dieses Bild dient als Basis für alle weiteren Bearbeitungsschritte.

2 Im nächsten Schritt wurde das Bild sowohl räumlich als auch in Bezug auf die Auflösung erweitert. Die Erweiterung auf 7252 x 10000 Pixel stellt sicher, dass die Charaktere in einer Qualität vorliegen, die hochauflösenden Druckanforderungen entspricht und somit für Werbematerialien genutzt werden können.

3 Der dritte Schritt befasst sich mit der Bildoptimierung. Farb- und Sättigungsanpassungen sowie Anpassungen von Helligkeit, Kontrast und Tonwerten sind wesentlich, um das Bild lebendiger und ansprechender zu gestalten. Fehlerkorrekturen sind auch Teil dieses Schrittes, um sicherzustellen, dass das Bild fehlerfrei ist.

4 Schließlich wird das Bild mit der Marketingbotschaft und den entsprechenden grafischen Elementen versehen. Der ausgewählte Claim „DEIN STYLE, DEINE APP." wurde geschickt in das visuelle Konzept integriert, um ein schlüssiges Key Visual zu schaffen. Weitere Assets wie der QR-Code, das Abbild eines Smartphones und die Logos für den Google Play Store und den App Store wurden hinzugefügt, um die Interaktion zu fördern und Nutzer zum Download der App zu bewegen.

Das Endergebnis ist ein hochwertiges, druckfähiges Bild, das sowohl technisch als auch inhaltlich die Kampagnenziele von KLIPP unterstützt. Es demonstriert auch die vielseitige Nutzung von KI im Designprozess, ergänzt durch professionelle Bildbearbeitung und die strategische Auswahl von Marketingelementen.

Feedback

Ein überaus positives Echo kam von den Friseuren und Friseurinnen selbst, die eine tiefe Zufriedenheit mit den kreierten Charakteren äußerten. Sie fühlten sich durch die Vielfalt und Authentizität der Charaktere repräsentiert, was ihnen zusätzliches Vertrauen in die Kampagne und die Marke gab. Dieses Feedback war besonders wertvoll, da es die Bedeutung der internen Markenakzeptanz unterstreicht – ein oft übersehener Aspekt bei der Einführung neuer Marketinginitiativen.

Die fertigen Charaktere fanden Einsatz in verschiedenen Marketingmaterialien: Poster, Folder, konturgeschnittene Pappaufsteller, Schaufenstersticker, Spiegelsticker, Taschen und Displays sowie Flyer in Visitenkartenformat. Die Resonanz auf die Kampagne war überwältigend positiv. Kunden lobten die Kreativität und die frische Herangehensweise, mit der die App eingeführt wurde. Durch die personalisierte Ansprache und die visuelle Attraktivität der Charaktere konnte die Zielgruppe effektiv erreicht und zur Nutzung der neuen App motiviert werden.

Die Kampagne wurde beim IDA International Design Award in Los Angeles in der Kategorie Print / Zines and Flyer mit Silver ausgezeichnet.

#Ausführung

TEIL 9: Herausforderungen und Zukunftsausblick

Künstliche Intelligenz ist in der Designbranche eine echte Hilfe – sie beschleunigt Arbeitsprozesse und steigert die Effizienz. Aber es gibt Herausforderungen, die nicht übersehen werden sollten. Eine der größten ist die echte Kreativität. KI kann aus bestehenden Daten lernen, aber sie tut sich schwer, wirklich innovative, kreative Ideen zu entwickeln. Denn für KI ist es schwierig, die menschliche Intuition, die oft hinter Designentscheidungen steckt, zu imitieren.

Ein weiteres Thema ist die Kontextualisierung. KI-Systeme erfassen nicht immer alle Nuancen eines Projekts – die spezifischen Bedürfnisse, den Kontext und die aktuellen Trends, die für effektives Design entscheidend sind. Wenn die zugrundeliegenden Daten nicht vielfältig genug sind, kann die KI unbeabsichtigt Vorurteile in die Designs einfließen lassen, was ethische und soziale Probleme nach sich ziehen kann.

Schließlich ist es wichtig, die KI-Arbeiten stets zu überwachen und die Qualität sicherzustellen. Dies erfordert zusätzliche Zeit und kann die Kosten erhöhen. Insgesamt ist es wichtig, die Grenzen und Herausforderungen der KI im Designprozess zu erkennen und zu managen, um qualitativ hochwertige und verantwortungsbewusste Ergebnisse zu gewährleisten.

Ethik und Verantwortung

Bei der Integration von Künstlicher Intelligenz in Werbung und Design steht der ethisch verantwortungsvolle Umgang mit Nutzerdaten im Vordergrund. Datenschutz und die Wahrung der Privatsphäre sind hierbei unerlässlich. Ferner ist es von Bedeutung, Bias und Voreingenommenheit in KI-Algorithmen zu verhindern, um jede Form von Diskriminierung und Stereotypenbildung auszuschließen. Eine transparente Handhabung von KI, insbesondere bei der Erzeugung personalisierter Inhalte, ist für die Aufrechterhaltung des Vertrauens der Nutzer unentbehrlich. Eine Balance zwischen technologischer Neuerung und menschlicher Schöpferkraft zu finden, ist ebenso wichtig, um Inhalte zu schaffen, die sowohl ethischen Grundsätzen als auch gesellschaftlicher Verantwortung gerecht werden. Der Einsatz von KI in diesen Bereichen verlangt nach einem ausgeprägten ethischen Verständnis und einem tiefen Verantwortungsgefühl, um die Technologie im Sinne moralischer Werte zum Vorteil der Allgemeinheit zu nutzen.

#SUJETDESIGN #MITARBEITERKAMPAGNE

Dieses Beispiel für KI-generierte Objekte wurde für Brigl und Bergmeister, einen bedeutenden Papierhersteller in Leoben, entwickelt. Als Pionier auf diesem Gebiet war das Unternehmen offen dafür, mithilfe künstlicher Intelligenz Sujets zu erstellen, die im Rahmen der Mitarbeitersuche unterschiedliche Aspekte von Papierwelten zeigen.

Die zukünftige Bedeutung von KI im Design für die Werbebranche

Die zukünftige Bedeutung Künstlicher Intelligenz im Design der Werbebranche wird für uns enorm sein. KI ermöglicht dir die Personalisierung und gezielte Ansprache deiner Zielgruppen, automatisiert wiederkehrende Aufgaben im Designprozess, optimiert deine Werbekampagnen durch A/B-Tests und Echtzeitanpassungen und unterstützt dich bei der Content-Generierung. Darüber hinaus unterstützt sie kreative Designer wie dich und ermöglicht es dir, Marktbedingungen zu analysieren und Trends vorherzusagen. Durch die Integration von KI kannst du deine Effizienz steigern und deine Werbekampagnen agiler und reaktionsschneller machen, gleichzeitig musst du aber auch ethische und rechtliche Aspekte berücksichtigen. Dies verbessert die Qualität und Wirksamkeit deiner Werbeinhalte und stärkt deinen Wettbewerbsvorteil.

Die Werbebranche erlebt dank künstlicher Intelligenz neue Trends und Entwicklungen. Eine starke Tendenz gibt es mit der sogenannten Hyperpersonalisierung, bei der KI eingesetzt wird, um Werbeinhalte an deine Bedürfnisse und Vorlieben anzupassen. Diese Personalisierung erhöht die Anzeigenrelevanz und erhöht deine Erfolgschancen. Ein weiterer wichtiger Aspekt ist die Automatisierung von Werbeoptimierungsprozessen mittels KI. Dazu gehören die Durchführung von A/B-Tests und Echtzeitanalysen, um die Anzeigenleistung zu überwachen und automatisierte Anpassungen vorzunehmen, was zu effektiveren Werbekampagnen führt. Programmatic Advertising, bei dem KI für den Echtzeithandel von Werbeinventar verwendet wird, gewinnt ebenfalls an Bedeutung, da es die Automatisierung von Werbekampagnen und die gezielte Ansprache deiner Zielgruppe erleichtert. Chatbots und Conversational Marketing nutzen KI, um deine Kundenkommunikation zu automatisieren und personalisierte Gespräche zu führen. Dies ermöglicht eine bessere Kundeninteraktion und Unterstützung.

Voice Search und Voice Commerce werden durch KI optimiert, um die Suchergebnisse und das Einkaufserlebnis für sprachgesteuerte Assistenten zu verbessern. Weitere Entwicklungen umfassen Predictive Analytics zur Vorhersage des Kundenverhaltens, Visual Search für die Produktsuche anhand von Bildern, ethische und transparente Praktiken in der Werbung sowie nachhaltige Werbekampagnen, die Umweltbewusstsein ansprechen. Schließlich werden AR und VR mithilfe von KI in Werbekampagnen integriert, um interaktive und immersive Erlebnisse für dich zu schaffen. Insgesamt zeigt KI, dass sie die Werbebranche erheblich verändert, indem sie personalisierte, automatisierte und interaktive Werbekampagnen ermöglicht. Unternehmen, die diese Trends gekonnt nutzen, können ihre Werbestrategien optimieren und erfolgreichere Verbindungen zu ihrer Zielgruppe aufbauen.

TEIL 10: Praktische Anwendung Ratschläge, Risiken

Ratschläge für Designer und Agenturen

KI in der Designwelt ist wie ein unendlicher Pool für Kreativität und Effizienz. Für Designer und Werbeagenturen ist sie ein echtes Goldstück. Statt sich mit langweiligen Routineaufgaben aufzuhalten, können sie sich dank KI auf das konzentrieren, was sie am besten können: kreativ sein. Das Tolle ist, dass KI die Arbeit nicht nur schneller macht, sondern auch hilft, richtig coole Designs zu entwickeln, die genau das treffen, was die Kunden wollen.

Stell dir vor, du kannst im Handumdrehen verschiedene Entwürfe ausprobieren oder sogar vorhersagen, was gerade total angesagt ist. Genau das macht KI möglich. Sie gibt Designern Werkzeuge an die Hand, mit denen sie Trends erkennen und Designs kreieren können, die voll ins Schwarze treffen. Es geht nicht mehr nur darum, gut auszusehen, sondern auch darum, genau das zu treffen, was die Leute wollen. Ein weiterer toller Punkt ist, dass KI hilft, Feedback super schnell zu sammeln und zu nutzen. Das ist wichtig, um Webseiten und Apps benutzerfreundlich zu machen. Mit KI kannst du sehen, was bei den Nutzern gut ankommt und was nicht und kannst deine Designs blitzschnell anpassen. Natürlich bedeutet der Einsatz von KI auch, dass man immer am Ball bleiben und sich weiterbilden muss. Die Technologie entwickelt sich rasant und um das Beste rauszuholen, müssen Designer und Agenturen immer auf dem neuesten Stand sein. Und klar, man muss auch aufpassen, dass man die Regeln einhält und die Privatsphäre der Leute respektiert. Zusammengefasst: KI bringt eine Riesenwelle an Möglichkeiten für Designer und Agenturen. Sie macht nicht nur den Job leichter und schneller, sondern hilft auch dabei, kreativere und treffendere Arbeit zu leisten. Damit können sie nicht nur ihre eigenen Ideen auf das nächste Level heben, sondern auch ihre Kunden richtig beeindrucken.

Risiken und Herausforderungen

Agenturen und Designer, die KI nicht einsetzen, riskieren, hinter der Konkurrenz zurückzubleiben, da sie weder die Effizienz noch die erweiterten Analyse- und Personalisierungsmöglichkeiten bieten können. In einer Ära, in der schnelle Anpassung und personalisierte Inhalte entscheidend sind, ist KI für dich unerlässlich, um relevante Marktanteile zu sichern und Innovationschancen zu nutzen. Die Herausforderung liegt darin, KI in bestehende Prozesse zu integrieren, um zukunftssichere, wettbewerbsfähige Praktiken im digitalen Zeitalter zu etablieren.

Es mag für dich anfangs vielleicht noch undurchsichtig und überwältigend erscheinen, dich mit Künstlicher Intelligenz in Design und Werbung auseinanderzusetzen, aber es lohnt sich wirklich, diesen Schritt zu wagen. Mit jedem Einsatz von KI wirst du immer wieder neue Möglichkeiten und spannende Aspekte entdecken, die nicht nur deine Arbeit bereichern. Dich mit KI zu beschäftigen, wird schnell zu einer faszinierenden und lohnenden Erfahrung. Natürlich gibt es Herausforderungen und Risiken, doch das Risiko KI zu ignorieren, nicht zu nutzen und dadurch dein Standing am Markt zu verlieren ist weitaus größer. Es wäre ein Verzicht auf wichtige Chancen in einer Welt, in der technologische Innovationen zunehmend den Markt und die Kreativität formen. Indem du dich der KI öffnest, sicherst du dir einen Platz in der Zukunft deiner Branche und bleibst wettbewerbsfähig.

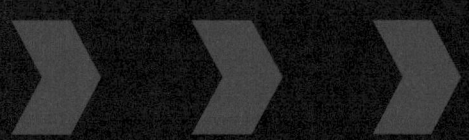

Keine Angst vor Künstlicher Intelligenz

Künstliche Intelligenz eröffnet in der Welt des Designs vielfältige Möglichkeiten und zerstreut gleichzeitig die Sorge, sie könnte die Rolle von Designern überflüssig machen. Als hilfreiches Werkzeug nimmt KI repetitive Aufgaben ab, wodurch Designern mehr Freiraum für Kreativität und Innovation bleibt. Gleichzeitig macht sie Design auch für Laien zugänglich, was die Rolle professioneller Designer jedoch nicht mindert, sondern vielmehr bereichert. Die Effizienzsteigerung in Designprozessen ist ein weiterer Vorteil der KI, da sie alltägliche Aufgaben übernimmt und den Fokus auf kreative Herausforderungen lenkt. Durch die Analyse von Nutzerdaten trägt KI dazu bei, maßgeschneiderte und ansprechende Designs zu entwickeln. Nicht zuletzt bietet sie Designern Chancen zur beruflichen Weiterentwicklung und zur Aneignung neuer Fähigkeiten, wodurch das Berufsfeld zukunftsorientiert und dynamisch bleibt.

KI hat zwar beeindruckende Fähigkeiten, aber es gibt wesentliche Gründe, warum sie Designer nicht ersetzen kann!

Menschliche Kreativität: KI basiert auf Algorithmen und Daten, was bedeutet, dass sie Muster und Trends folgt. Menschliche Designer hingegen können über den Tellerrand hinausdenken und originelle, innovative Ideen entwickeln, die über das hinausgehen, was KI aus historischen Daten lernen kann.

Emotionales Verständnis: Design ist nicht nur eine Frage der Ästhetik, sondern auch eine emotionale Angelegenheit. Designer verstehen menschliche Emotionen und können diese in ihre Arbeit einfließen lassen, um emotionale Verbindungen zu schaffen. KI fehlt dieses tiefgreifende Verständnis menschlicher Emotionen und Nuancen.

Kontextuelles Verständnis: Designer haben die Fähigkeit, den Kontext eines Projekts zu verstehen – die Geschichte, die Kultur, die Zielgruppe. Sie können dieses Verständnis nutzen, um Designs zu erstellen, die in einem spezifischen Kontext relevant und ansprechend sind. KI-Systeme sind in ihrer Fähigkeit, Kontext zu verstehen und darauf zu reagieren, begrenzt

Ethik und Verantwortung: Designer treffen ethische Entscheidungen in ihrer Arbeit, beispielsweise im Hinblick auf Nachhaltigkeit oder soziale Verantwortung. Sie können abwägen, welche Auswirkungen ihre Designs haben. KI-Systeme hingegen folgen vordefinierten Algorithmen und können solche ethischen Überlegungen nicht eigenständig anstellen.

Anpassungsfähigkeit und Flexibilität: Designer können sich schnell an neue Trends, Technologien und Kundenanforderungen anpassen. Sie lernen ständig dazu und entwickeln sich weiter. KI-Systeme sind in ihrer Anpassungsfähigkeit begrenzt und benötigen menschliche Eingriffe, um sich weiterzuentwickeln.

Persönliche Note und Einzigartigkeit: Jeder Designer bringt seine eigene Persönlichkeit und seinen einzigartigen Stil in seine Arbeit ein. Diese persönliche Note ist etwas, das KI nicht replizieren kann. Sie macht jedes Designstück einzigartig und besonders.

Künstliche Intelligenz ist ein leistungsfähiger Verbündeter für Designer, der Effizienz und Innovationskraft steigert. Sie ersetzt jedoch keinesfalls die unverwechselbaren Talente, die du als menschlicher Gestalter einbringst. Vielmehr ergänzt und erweitert KI deine kreativen Fähigkeiten, statt mit ihnen in Wettbewerb zu treten. Anstatt KI als eine potenzielle Gefahr zu betrachten, solltest du sie als ein wertvolles Instrument sehen. In Verbindung mit deiner eigenen Kreativität bietet sie die Möglichkeit, die Welt des Designs auf einzigartige Weise zu bereichern.

TEIL 11: Schlussfolgerung

Abschließende Worte für Designschaffende und Agenturen

Künstliche Intelligenz (KI) bringt für dich als Designer oder Agentur viele neue Möglichkeiten, aber auch Herausforderungen. Sie kann deinen Designprozess verändern und dir helfen, schneller und kreativer zu arbeiten. KI erleichtert das Automatisieren von Routineaufgaben, das Personalisieren von Inhalten und das Verarbeiten großer Datenmengen. So kannst du effizienter arbeiten und nützliche Einsichten gewinnen. Es ist wichtig, mit Datenexperten zusammenzuarbeiten, um das Beste aus der KI herauszuholen. Genauso wichtig ist es, ethische Richtlinien und Datenschutz zu beachten, damit deine Nutzer dir vertrauen können. Bei der Verwendung von KI im Design solltest du Prototypen bauen, Tests durchführen und dabei immer kreativ bleiben. Erkläre deinen Kunden die Vorteile der KI und sorge mit einem guten Risikomanagement dafür, dass du auf alles vorbereitet bist. Sei flexibel und lerne ständig dazu, um mit den ständigen Veränderungen in der KI-Welt Schritt zu halten. KI im Design bietet tolle Chancen, deinen Designprozess zu verbessern, innovative Lösungen zu finden und die Interaktion von Menschen mit Technologie zu gestalten. Mit klarem Verständnis, guter Strategie und ethischem Ansatz kannst du das Potenzial von KI voll nutzen und gleichzeitig die Bedürfnisse deiner Nutzer im Blick behalten.

Bei Brainsworld360° glauben wir, dass es wichtig ist, mit der Zeit zu gehen. Die in diesem Buch beschriebenen Werkzeuge ermöglichen es uns, unsere Kunst auf die nächste Ebene zu heben – vorausgesetzt, die Person, die sie verwendet, verfügt über ein tiefes Verständnis für Design, Kunst und Grafik im Allgemeinen. Ohne dieses Verständnis ist selbst die fortschrittlichste KI nutzlos. Wie wir sagen: „Die Spreu vom Weizen trennt sich", es sei denn, der Werkzeugbediener hat ein Gespür für das große Ganze und setzt es mit großer Sorgfalt um. Für uns bleibt der Mensch der wichtigste Indikator. Es wäre jedoch nachlässig, die Möglichkeiten die KI mit sich bringt, für einen selbst, das Unternehmen oder einfach privat nicht zu nutzen. Auch in der Kunst wird KI eine immer wichtigere Rolle spielen – und das sollte sie auch.

In diesem Sinne ...
Wir lesen uns!

Glossar

Künstliche Intelligenz (KI):
Ein Bereich der Informatik, der sich mit der Schaffung von Maschinen beschäftigt, die Aufgaben ausführen können, die normalerweise menschliche Intelligenz erfordern.

Automatisierung:
Der Prozess, bei dem Maschinen oder Software Aufgaben ohne menschliche Intervention ausführen.

Hyperpersonalisierung:
Die Anwendung von KI, um Werbeinhalte extrem individuell an die Bedürfnisse und Vorlieben einzelner Kunden anzupassen.

A/B-Tests:
Eine Methode, bei der zwei Versionen einer Webseite, Anzeige oder eines Produkts verglichen werden, um zu bestimmen, welche effektiver ist.

Programmatic Advertising:
Der automatisierte Kauf und Verkauf von Werbeplätzen in Echtzeit, oft durch KI-Systeme gesteuert.

Chatbots:
Programme, die automatisierte Konversationen mit Benutzern führen, oft verwendet im Kundenservice und Marketing.

Voice Search und Voice Commerce:
Such- und Einkaufsfunktionen, die durch Sprachbefehle gesteuert werden und oft KI-Technologien zur Spracherkennung nutzen.

Predictive Analytics:
Die Nutzung von Daten, statistischen Algorithmen und KI, um zukünftige Ergebnisse basierend auf historischen Daten vorherzusagen.

Visual Search:
Eine Suche, die auf Bildern statt Text basiert, oft unter Verwendung von KI zur Bilderkennung.

Augmented Reality (AR) und Virtual Reality (VR):
Technologien, die die reale Welt durch digitale Informationen erweitern (AR) oder vollständig immersiv virtuelle Umgebungen schaffen (VR).

Ethik in der KI:
Ein Bereich, der sich mit den moralischen Implikationen und richtigen Praktiken bei der Entwicklung und Anwendung von KI-Technologien befasst.

Datenschutz:

Schutzmaßnahmen, die darauf abzielen, die Privatsphäre von Individuen bei der Sammlung und Verwendung ihrer Daten zu wahren.

Machine Learning:

Ein Teilbereich der KI, der es Maschinen ermöglicht, aus Daten zu lernen und sich zu verbessern, ohne explizit programmiert zu werden.

Neuronale Netze:

Computermodelle, die nach dem Vorbild des menschlichen Gehirns entwickelt wurden, um Muster zu erkennen und Entscheidungen zu treffen.

Generative KI:

KI-Systeme, die in der Lage sind, eigenständig Inhalte wie Texte, Bilder oder Musik zu erzeugen.

Content-Generierung:

Die Erstellung von Inhalten (Text, Bilder, Videos) durch KI.

Designoptimierung:

Der Prozess der Verbesserung von Designelementen wie Layouts und Benutzeroberflächen durch KI-Analysen.

KI-basierte Bildbearbeitung:

Die Nutzung von KI für die Automatisierung und Verbesserung von Bildbearbeitungsprozessen.

Risikomanagement:

Strategien und Prozesse zur Identifizierung, Bewertung und Minimierung von Risiken im Zusammenhang mit KI-Einsatz.

Learning by Doing:

Ein Ansatz, bei dem durch praktische Erfahrung und kontinuierliches Experimentieren gelernt wird.

Konversionsraten (Conversion Rate):

Der Prozentsatz der Besucher einer Website, die eine gewünschte Aktion ausführen, wie zum Beispiel einen Kauf tätigen oder sich anmelden.

Power User:

Als Power User werden Personen bezeichnet, die überdurchschnittliche Kenntnisse im Umgang mit den Systemen die sie bedienen oder implementieren haben.

Prozedurale Generierung:

Der Wortlaut bezeichnet Methoden für die automatische Erstellung von digitalen Inhalten.

Discord-Bot:

Ein Discord Bot ist ein automatisiertes Computerprogramm, das innerhalb der Discord-Plattform arbeitet.

The Authors

MIKE REITER, MSC
CMO BRAINSWORLD
GRAPHIC ARTIST

TOBIAS ZACH, BED
GRAPHIC ARTIST

MARIA EIBEL
GRAPHIC ARTIST

B R A I N S W O R L D 3 6 0 °

I m p r e s s u m   &   C o p y r i g h t

Brainsworld 360° Agency
Dorfstraße 5, 8700 Leoben

Imprint
Independently Published